Manchmal Möchte Ich
Ursula Konder
UKo

Viele haben mich auf meinem Lebensweg begleitet. Mal kurz, mal lang. Sind mit mir durch Höhen und Tiefen gegangen. Ohne all diese Erfahrungen wäre ich heute nicht die, die ich bin.

Ich bin gerne die, die ich bin.
Danke euch allen!

Ursula Konder - UKo

UKo

MANCHMAL MÖCHTE ICH

Das Leben ist voller
Liebe, Leidenschaft und Wut

Und zum Totlachen komisch

*Bibliografische Information der Deutschen Nationalbibliothek:
Die Deutsche Nationalbibliothek verzeichnet diese Publikation
in der Deutschen Nationalbibliografie; detaillierte bibliografische Daten sind im Internet über http://dnb.dnb.de abrufbar.*

© 2017 Ursula Konder

*Illustration:
UKo-Art - Werkstatt für Design & kreatives Erleben
Lektorat:
Christine Rachor-Douglas, Pia J. Bienek, Moha*

*Herstellung und Verlag:
BoD – Books on Demand, Norderstedt
ISBN: 978-3-743114067*

Inhalt

Am Ende Der Leidenschaft 10

Frühlingserwachen 12

Das Gürteltier 14

Liebe lebt 16

Für Einen Augenblick 18

Der Liebe Duft 20

Herbst 22

Schwarze Tränen 24

Manchmal 26

Sonnentag 28

Zartbitter 30

Dicke Anne Kaffee-Kanne 32

Wenn Ich Du Wäre 34

Abendrot 36

Zinnsoldaten 37

Der Stille Lied 42

Kreativen-Baum 44

Nur Liebelei 46

Mit Dir	48
Lass Mal Lachen	49
Bingo	50
Hallo Leben	51
Asha	52
Mummenschanz	54
Lebe	56
Hefekuchen	57
Freundschaft	58
Streifzug	61
Der Rochen	66
Mag Ich Nicht	67
Mutter-Glück	70

Manchmal Möchte Ich

Deinen Kopf An Meine Brust Drücken
Dir Meinen Herzschlag Anvertrauen
Durch Deine Haare Streichen

Mich Vergessen
Dich Spüren Lassen
Wie Sehr Du Fehlst

Viel Spaß
beim Lesen und schauen,
lachen und nachdenken

UKo

Liebe, Lust und Leidenschaft

Am Ende Der Leidenschaft

Am Ende Der Leidenschaft
Warten Tränen.

Frust.
Verlust.
Das Bleibt!
Gefühle Tot.
Herz In Not.
Hoffnung?
Trügerischer Schimmer.
Lautes Gewimmer.
Fall Ins Nichts.
Aufstehen.
Weitergehen.

Am Ende Der Tränen
Wartet Das Leben!

Liebe Verleiht Dir Flügel
Du Kannst Damit Nicht Fliegen
Aber Sie Tragen Dich Durch Schlechte Zeiten

Frühlingserwachen

*K*omm,
Lege Deine Starken Arme Um Mich,
Zärtlich,
Als Wäre Es Das Erste Mal,
Vorsichtig,
Als Wäre Ich Zerbrechlich Wie Glas.

Halt Mich,
Fest,
Bis Deine Wärme Meine Ist,
Still,
Bis Du Zögernd Mir Den Nacken Küsst.

Komm,
Erfülle Mich Mit Deiner Kraft,
Berauschend,
Bis Ich Vor Glück Nach Atem Ring,
Warm,
Als Hätt Ich Nie Gefroren.

Halt Mich,
Lang,
Bis Ans Ende Deiner Zeit,
Beseelt,
Frühling, Du Hast Mir Gefehlt.

Das Gürteltier

*Ein Gürteltier,
Das Wünsch Ich Mir.
Auch Wenn Es Ist Nur Braun Und Dick,
Das Findet Wohl Kaum Einer Schick.
Doch Ich Drapier's Auf Der Kommode
Schaut: Das Ist Die Neueste Mode.
Da Staunen Alle Andern Fraun,
Und Leute, Ja, Ihr Glaubt Es Kaum,
Eine Diskussion Entbrennt,
Und Manche Sich Sehr Schnell Verrennt,
In Die Behauptung: Grün
Würd Dem Tier Vortrefflich Stehn.*

*Drum Streich Ich Die Kommode Um,
Und Die Mäuler Werden Stumm.
Sie Bestaunen Tier Und Schrank,
Schütteln Dankbar Meine Hand.
Für Diese Inspiration
Ist Das Ja Wohl Genügend Lohn.
Sie Rennen Fort Und Kaufen Sich,
Ein Gürteltier, Man Glaubt Es Nicht.
Streichen Die Kommoden Um,
Ich Schaue Zu - Und Bleibe Stumm.*

Gürteltiere Find Ich Doof,
Drum Stell Ich Meines In Den Hof.

Ein Rüsseltier,
Das Wünsch Ich Mir.

Auch Wenn Es Ist Nur Grau Und Dick,
Ich Finde Elefanten Schick.
Drapier Das Tier Auf Der Kommode,
Schaut: Das Ist Die Neueste Mode.

Liebe lebt

Liebe Trägt
Durch Dunkle Zeiten
Liebe Nährt
Wenn Sehnsucht Plagt
Liebe Lehrt
Zu Warten

Liebe Gibt
Wenn Sie Gefunden
Liebe Singt
Die Schönste Melodie
Liebe Nimmt
Der Liebe Wegen

Liebe Quält
Wenn Zweifel Wachsen
Liebe Verletzt
Bis Auf Der Seele Grund
Liebe Lebt
Wenn Der Verstand Versagt

Glück ist . . .

eine runde Sache

Für Einen Augenblick

Ja.
Doch.
Das Leben Kann Schön Sein.
Manchmal.
Für Einen Augenblick.
Wenn Dir Unverhofft Ein Lächeln Zufliegt.
Und Ebenso Schnell Wieder Entschwindet.
Wie Ein Schmetterling In Der Mittagssonne.
Der Von Blume Zu Blume Torkelt.
Nektar-Betrunken.
Eingelullt Von Der Hitze Des Sommers.

Ja.
Doch.
Das Leben Kann Schön Sein.
Manchmal.
Für Minuten.
Wenn Dir Jemand Sagt Alles Wird Gut.
Und Die Worte In Dir Nachklingen.
Wie Ein Lieblingslied Im Mondschein.
Das Dich Trägt Durch Die Einsamkeit.
Hoffnungs-Schwanger.
Umfangen Von Der Kühle Der Nacht.

Ja.
Doch.
Das Leben Kann Schön Sein.
Manchmal.
Für Stunden.
Wenn Die Scheinheiligkeit Zu Gast Ist.
Und Sich Über Deine Wunden Legt.
Wie Ein Wohltuender Verband.
Der Deiner Seele Wohlwollen Vorgaukelt.
Schmerz-Verzerrt.
Erstarrt Von Der Leere Danach.

Ja.
Doch.
Das Leben Kann Schön Sein.
Für Immer.
Wenn Jeder Sieht.
Jeder Versteht.
Niemand Mehr Lügt.
Alles Schweigt.
Stille Herrscht.
Für Immer.

Der Liebe Duft

Betörend Ist Der Liebe Duft
Süß Wie Gülden Honig
Sanft Wie Ähren Im Wind
Weich Wie Der Raupen Seide
Bunt Wie Des Regens Bogen

Symphonien Gleich
Lieblich
Leidenschaftlich
Beherrschend
Erhaben

Trage Sie
Im Herzen
Halte Sie
Lasse Sie
Niemals Los

Für Martin & Nicole

Das Glück liegt im Augenblick

und in Dir selbst

Herbst

Lange Nächte,
Kurze Tage,
Sonnenschein So Spärlich.
Beeren Reifen,
Wälder Glühen,
Farbenpracht - Wie Herrlich.

Laue Lüfte,
Kalte Füße,
Düfte Ach So Herb.
Blätter Schweben,
Nebel Wallen,
Sommer Schreit: Ich Sterb!

Kastanien Fallen,
Regen Nieselt,
Die Erde Geht Zu Bett.
Decken Wärmen,
Kerzen Scheinen,
Igel Sind Schon Fett.

Kahle Wälder,
Weiße Welt,
Das Jahr Sich Langsam Neigt.
Öfen Bollern,
Stürme Toben,
Vergänglich Ist Die Zeit.

Schwarze Tränen

Geliebt, Entliebt
Seele Preisgegeben
Dem Leben Abgewandt
Kopf So Leer
Augen Blind
Wolken Ziehen
Voll Mit Schwarzen Tränen

Verstört, Zerstört
Sonne Sinkt
Der Nacht Entgegen
Dunkle Macht
Höllengleich
Kalt Wie Eis
Langsam Stirbt Die Liebe

Getrieben, Vertrieben
Sehnsucht Schreit
Nackt Im Nichts
Ertrunken
Versunken
Im Meer
Aus Schwarzen Tränen

Manchmal

Manchmal Möchte Ich
Die Augen Schließen
Der Wirklichkeit Entfliehen
Mich Der Sehnsucht Hingeben
Die Nicht Vergeht
Nicht Sehen Was Uns Trennt
Nur Was Uns Eint

Manchmal Möchte Ich
Deinen Kopf An Meine Brust Drücken
Dir Meinen Herzschlag Anvertrauen
Durch Deine Haare Streichen
Mich Vergessen
Dich Spüren Lassen
Wie Sehr Du Fehlst

Manchmal Möchte Ich
Ein Offenes Buch Sein
In Dem Du Lesen Kannst
Von Schönen Dingen
Und Zwischen Den Zeilen
Vom Heimweh Nach Dir
Das In Mir Brennt

Manchmal Möchte Ich
Dich Einfach Küssen
In Deinen Armen Liegen
Dich Riechen
Deine Blicke Auf Mir Spüren
Einfach Nur Sein
Mit Dir
Manchmal Träume Ich Dich Zurück

Manchmal

Sonnentag

Was Willst Du Grelle Sonne,
Geh, Lass Mich In Ruh,
Schwelge Noch In Wonne,
Mach Die Augen Zu.

Will Noch Einmal Träumen,
Von Einem Tollen Kerl,
Von Liebe Unter Bäumen,
Von Meinem Augenstern.

Auf Lippen Er Mich Küsst,
Die Immer Schweigsam Sind,
Auch Wenn Ich Sehen Müsst,
Vor Liebe Wär Ich Blind.

So Schließ Ich Beide Augen,
Und Mach Die Pforte Weit,
Hör Ihn Schmatzen, Saugen,
Bin Willig, Er Bereit.

Spür So Nah Die Wärme,
Stöhn Lustvoll Auf Vor Wonne,
Doch Weg Sind All Die Sterne,
Und Das Heiße - Ist Die Sonne.

Schade

Zartbitter

*S*ehe Dich
Im Nebelgrau Entschwinden
Spüre Dich
Unnahbar Nah
Höre Dich
Stumm Schreien In Der Einsamkeit
Verbanne Dich
In Meines Herzens Tiefe

Suche Dich
Im Labyrinth Der Gefühle
Rieche Dich
Herb Wie Der Viel Zu Frühe Herbst
Genieße Dich
Zartbitter Ist Mein Todestrank

Wart Auf Dich
Bis Der Mond Die Sonne Küsst
Liebe Dich
Wie Der Tod Das Leben
Wünsch Dich Herbei
Wie Die Nacht Den Regenbogen

Dicke Anne Kaffee-Kanne

Kennt Ihr Die Dicke Anne,
Und Ihre Große Kaffee-Kanne?
Die Anne Hat 'Nen Dicken Bauch,
Und Die Kaffee-Kanne Auch.
Und Schon Früh Am Morgen
Erzählen Sie Sich Ihre Sorgen.

Aufstehn
Macht Mich Wirklich Krank,
Sagt Anne
Zur Kaffee-Kanne Im Schrank.
Und Auch Die Kanne Grämt Sich Sehr,
Denn Ihr Bauch Ist Gähnend Leer.
Was Anne Dann Noch Mehr Verstimmt,
Weil Sie Gerne Kaffee Trinkt.

Früh Am Morgen
Viele Sorgen,
Und Kein Kaffee Mehr Im Haus,
Furchtbar, Schrecklich,
Ach, Oh Graus.
Kinder, Das Ist Gar Nicht Gut,
Die Dicke Anne Packt Die Wut.

Sie Schnappt Sich Geld
Und Will Gleich Laufen,
In Den Laden Hin,
Zum Kaffee Kaufen.
Doch Im Laden Um Die Eck
Ist Der Ganze Kaffee Weg.
Da Muss Die Anne Weitertraben,
In Den Nächsten Einkaufladen.

Laufen, Laufen,
Immer Weiter,
Stimmt Die Anne Doch Noch Heiter.
Endlich
Nach Zwei Langen Stunden,
Hat Sie Ein Geschäft Gefunden
Das Ihren Lieblingskaffee Hat,
Mitten In Der Großen Stadt.

Anne Schnell Nach Hause Rennt,
Nur Noch An Das Eine Denkt.
Eine Tasse Schwarze Brühe,
Ist Der Lohn Für All Die Mühe.
Füllt Mit Kaffee Den Kannenbauch,
Ist Glücklich,
Und Die Kanne Auch.

Wenn Ich Du Wäre

Wenn Ich Du Wäre
Dann Würde Ich Mich Lieben
Denn Ich Liebe Dich So Sehr
Wie Du Mich Nie Lieben Wirst

Wenn Ich Du Wäre
Dann Würde Ich Mir Veilchen Schenken
Denn Ich Liebe Ihren Duft
Und Keine Stacheligen Rosen

Wenn Ich Du Wäre
Dann Würde Ich Mich Auf Händen Tragen
Denn Ich Geh Nicht Gerne Auf Harten Wegen
Sondern Lieber Im Weichen Sand

Wenn Ich Du Wäre
Würde Ich Zum Himmel Fliegen
Denn Kein Weg Wäre Mir Zu Weit
Um Bei Dir Zu Sein

Doch Ich Bin Nicht Du
Nehme Brav Was Du Mir Gibst
Heuchle Freude
Und Hasse Mich Für All Die Lügen

Abendrot

Im Abendrot Gedanken Ziehn
Fort In Weite Ferne
Mein Herz Zu Dir Will Fliehn
Hab Dich Doch So Gerne

Will Bei Dir Sein
Dich Spüren
In Deine Augen Sehn
Mich Ganz Darin Verlieren

Drum Schicke Ich Dir Grüße
Und Denke Nur An Dich
Wünsch Mir 1000 Küsse
Hoff, Du Denkst An Mich

Zinnsoldaten

Es Fällt Der Stolze Wasserfall
Vom Hohen Berg Ins Tiefe Tal
Hinab Auf Grüne Wiesen
Wo Die Schönen Blümlein Sprießen
Wo Die Kleinen Zicklein Springen
Und Die Vielen Vögel Singen
Wo Der Alte Bauer Mit Der Bäuerin
Lebt Auf Dem Bauernhof So Vor Sich Hin
Oft Sitzen Sie Auf Einer Bank
Vor Lauter Liebe Nicht Mehr Krank
Es Plagt Nur Gicht Und Rheuma Sie
Und Die Arbeit Mit Dem Vieh

Doch Oft Denkt Er Zurück
An Ihr Junges Heißes Glück
Er Schaut Zur Kleinen Lichtung Hin
Und Denkt: Ach Ja, Da Drin
Tat Ich Sie Einst Heiß Lieben
Getrieben Von Den Jungen Trieben
Riss Ich Die Bluse Ihr Vom Leib
Fand Darunter Ein Echtes Vollblutweib
Dralle Brüste Wunderschön
Konnte Gar Nicht Satt Mich Sehn
Tauchte Ab In Das Gebirge
Sah Der Brüste Kleine Zierde
Nippel Stramm Wie Zinnsoldaten
Dem Herrn Sei Dank
Für Solche Gaben

Als Ich Zaghaft Sie Berührt
Hast Du Die Gier In Mir Geschürt
Mit Deinem Leisen Stöhnen: Schön
Hab Ich Nur Noch Die Zwei Gesehn
Fing An Sie Richtig Durchzukneten
Und Hörte Dich Nur Mehr Noch Stöhnen
Nahm Die Knospen In Den Mund
Saugte Sie In Meinen Schlund
Ein Höllenfeuer War Entfacht
Und Meine Hände Glitten Sacht
Hinunter Zu Des Rockes Saum
Wollt Fühlen Deinen Weichen Flaum

Du Hast Die Tore Weit Gemacht
Und Ich Hab Gar Nichts Mehr Gedacht
Nur Schwer Geatmet Und Gefühlt
Noch Nie War Ich So Aufgewühlt
Als Ich Dann Vorm Tore Stand
Der Mond Am Horizont Verschwand
Da Sagtest Du Ganz Leise: Ja
Komm, Mach Mir Eine Kinderschar
Das Letzte Hab Ich Nicht Gehört
War Nur Von Deinem Ja Betört
Marschierte Los Und War Wie Blind
Wie Verliebte Halt So Sind
Ach, Wie War Die Nacht So Schön
Ich Dachte, So Soll's Weiter Gehen

Doch Die Leichtigkeit Verschwand
Mit Der Ersten Kinderhand
Die Alsbald Schon Nach Mir Griff
Und Einem Sohn Der Papa Rief

So Schnell, Wie Ich Einst War Am Ziel
Es Mir Wie Schuppen Von Den Augen Fiel
Nicht Ich Habe Dich Verführt
Im Tiefsten Deiner Seele Dich Berührt
Nein, Du Hast Mich Mit Viel Kalkül
Und Deinem Komm-Und-Lieb-Mich-Spiel
Gekonnt Gebracht Um Meine Sinne
Und Aus War's Mit Der Schönen Stille
Auf Der Lichtung Dort Im Wald
Wo Deine Unschuld Einst Entschwand
Die Du Mir Vorgegaukelt
Und Mich Tüchtig Hast Verschaukelt

50 Jahre Ist Das Her
Trotz Allem
Dich Zu Lieben
Fiel Nicht Schwer
Sind Auch Die Knospen Längst Verwelkt
Du Hast Mir So Viel Glück Geschenkt
Und Wenn Wir Auf Der Bank Hier Sitzen
Komme Manchmal Ich Ins Schwitzen
Denke Zurück An Diese Zeit
Als Wir Uns Liebten Dort Zu Zweit

Der Stille Lied

Manchmal Tauche Ich Ab
In Die Stille Meiner Seele
Und Bin Verwundert
Wie Laut Sie Doch Ist

Da Toben Farben
Streiten Ideen Miteinander
Kämpft Selbstsicherheit
Mit Selbstzweifel
Schreit Das Herz
Vor Sehnsucht Nach Verlorenem

Mal Gewinnt Das Eine
Mal Das Andere
Und Zu Allen Zeiten
Klingt Der Liebe Sanftes Lied

Niemals Ist Sie Wirklich Still
Die Stille Meiner Seele

Kreativen-Baum

Wenn Andre Liegen Längst Im Traum
Erwacht In Mir Der Kreativen-Baum
Sprießen Gedanken In Der Nacht
Wie Blümlein Auf Der Sommerwiese
Drum Habe Ich Bei Mir Gedacht
Müsste Niederschreiben Diese

Nicht Immer Reimt Sich Jede Zeile
Die Ich Hier Und Da So Schreibe
Doch Wenn Es Euch Gefällt
Was Ich Da So Ersinne
Verkünde Ich Es Gern Der Welt
Wenn Ich Damit Freude Bringe

So Pflücke Ich Vom Kreativen-Baum
Dies Verselein Für Euren Traum

Gute Nacht

Nur Liebelei

Ich Grüße Dich
Du Wunderschöner Monat Mai
Die Luft So Lau
Der Himmel Blau
Und Vielen Um Die Herzen Flau
                    Ich Grüße Dich
              Du Wunderschöner Monat Mai
                    Die Wiesen Grün
                    Die Blumen Blühn
              Und Mancher Kerl Vor Tollheit Kühn
Ich Grüße Dich
Du Wunderschöner Monat Mai
Die Sonne Warm
Die Wilde Zahm
Und Der Jüngling Protzt Mit Charme
                    Ich Grüße Dich
              Du Wunderschöner Monat Mai
                    Die Liebe Da
                    Das Glück So Nah
              Zweie Träumen Von Der Kinderschar
Ich Grüße Dich
Du Wunderschöner Monat Mai
Das Jahr Vorbei
Die Zwei Entzwei
War Alles Doch Nur Liebelei

Mit Dir

Mit Dir Verlier
Ich Ständig Die Argumente
Für Rosenbettwäsche
Zitroneneis
Und Lila Wände

Mit Dir Verlier
Ich Ständig Die Kontrolle
Über Mich
Meine Pläne
Und Die Sockenwolle

Mit Dir Verlier
Ich Ständig Die Fasson
In Der Küche
Im Bad
Im Fesselballon

Mit Dir Verlier
Ich Ständig Alle Hüllen
Im Park
Auf Einer Bank
Im Stillen

Mit Dir Verlier
Ich Niemals Meinen Traum
Vom Leben
Heißer Liebe
Im Badeschaum

Danke!

Lass Mal Lachen

Lass Mal Verrückte Sachen Machen
Vor Lachen In Die Hose Machen

Lass Mal Die Tränen Rinnen
Auf Des Lebens Größe Uns Besinnen
In Allen Seinen Farben
Mit Allen Seinen Narben

Lass Mal Springen
Lass Mal Singen
Vor Freude
Vor Glück

Lass Mal Schweben
Lass Mal Leben
Nach Vorne
Nicht Zurück

Lass Mal Verrückte Sachen Machen
Vor Lachen In Die Hose Machen

Für Moni und ihr schönes Lachen

Bingo

Wäre Ich Heute Nacht Gestorben
So Wären Mir Flügel Gewachsen
Zum Himmel
Hätte Ich Mich Aufgeschwungen
Und Der Schönste Engel Von Allen
Hätte Mir Die Himmlische Pforte Geöffnet

Vor Neid Wäre Er Erblasst
Ob Des Sinnlichen Lächelns
In Meinem Gesicht
Erdenkind, Hast Du Die Ewige
Glückseligkeit Bereits Gekostet
Dass Du So Wunderlich Glücklich Aussiehst
Hätte Er Mich Flügelschlagend Gefragt

Und Mit Meinem Letzten Atemzug
Hätte Ich Den Sternen
Mein Geheimnis Preisgegeben
Und Deinen Namen
Ins Universum Gehaucht

Hallo Leben

Hallo Leben
Siehst Du Mich
Wie Ich Dich Sehe
In Allen Deinen Farben

Hallo Leben
Hörst Du Mich
Wie Ich Dich Höre
Mit Allen Deinen Klängen

Hallo Leben
Spürst Du Mich
Wie Ich Dich Spüre
Voller Kraft Und Liebe

Hallo Leben
Liebst Du Mich
Wie Ich Dich Liebe
Mit Jedem Atemzug

Asha

Tief In Der Welten Wurzel
Unter Allen Höllen
Liegt Der Kern Der Weisheit
Steht Der Menschheit Wiege

Fest Auf Der Erden Grund
Zwischen Allen Gezeiten
Geht Der Endlichkeit Zeit
Pocht Der Menschheit Leben

Hoch In Der Wolken Krone
Über Allen Himmeln
Schwebt Der Lüge Wahrheit
Ruht Der Menschheit Friede

Für Asha, die stets zuhört

Aus der Serie Körperlandschaften

Mummenschanz

Tanze
Auf Des Lebens Bühne
Einen Irren Affentanz
Stehen
Drehen
Springen
Schreiten
Alles Doch Nur
Mummenschanz

Lebe

Die Zeit Ist Flüchtig

Wie Ein Sommertag Im Herbst
Der Flügelschlag
Eines Schmetterlings
Regentropfen Auf Der Haut
Der Duft Einer Rose
Schokolade Auf Der Zunge
Ein Wimpernschlag

So Nutze Deine Stunden
Bewusst
Genieße
Ohne Reue
Lebe Jetzt
Schau Nicht Zurück
Glaube An Morgen

Die Zeit Ist Flüchtig

Hefekuchen

Wie Ein Warmer Hefekloß
Fall Ich Drall In Deinen Schoß

Spüre Dich
Rieche, Lecke, Schmecke Dich

Nimm Dich Sanft In Meine Hand
Führe Dich Ins Wunderland

Bin Ganz Von Dir Besessen
Lass Uns Hefekuchen Essen

Freundschaft

*V*erstehen
Miteinander Gehen
Helle Höhen
Dunkelheit Sehen

Verstehen
Zueinander Stehen
Laute Tage
Stille Klage

Verstehen
Einander Sehen
Liebend Betrachten
Respektvoll Achten

Für Christine, die immer da ist

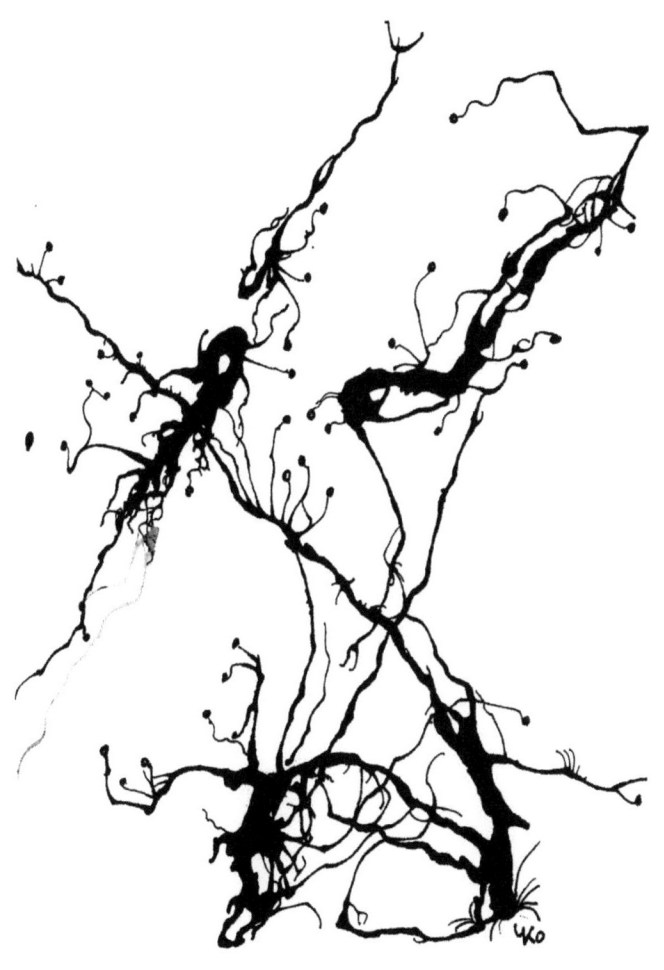

Streifzug

Klar wie Polarluft ist dieser Novembermorgen. Prächtig und schön, verwunschen und mystisch mutet er an. Die Kälte im dunklen Tann scheint greifbar. Sie klirrt wie ein Windspiel aus zerbrechlichem Glas. Schickt meinen gehetzten Atem als weiße Wölkchen in den verlorenen Morgen, einem trostlosen und luftleeren Raum entgegen.

Durch nackte Äste fallen Sonnenstrahlen, wohl die letzten in diesem Jahr. Sie wärmen.

Meine weißen Atem-Wolken lösen sich auf in ein unendlich ewiges Nichts. Leer ist dieser Novembermorgen. Hässlich und grau, fade, unwirklich mutet er an. Mich fröstelt. Tief drinnen. Der Gletscher in mir - unfassbar kalt. Er wächst! Unaufhaltsam! Unaufhaltsam? Nein, ich will das nicht! Geh weg! Verschwinde! Lass mich! Lass Dich!

Durch nackte Äste fallen Sonnenstrahlen, wohl die letzten in diesem Jahr. Sie wärmen.

Ich streife durch die Aue. Der Reif auf den Halmen glitzert Diamanten gleich. Tautropfen benetzen meine Schuhe, hüllen sie ein, flüstern „geh weiter". Ich setze Fuß vor Fuß. Denke Gedanken um Gedanken. Weine Träne um Träne. Schreie dem Wald meinen Hass entgegen. Er schweigt! Wie Du! Mächtig! Groß! Bedrohlich! Still!

Durch nackte Äste fallen Sonnenstrahlen, wohl die letzten in diesem Jahr. Sie wärmen.

Ich flüchte in den Schoß der alten Eiche. Spüre ihren schroffen Mantel. Fühle ihre Energie. Seit Jahrhunderten steht sie da. Trotzt Regen, Wind, Trockenheit. Ist stark! Wie ich! Mächtiger als Du! Ihre Energie steigt in mir auf, wie Wasser, das sich sanft seinen Weg aus der Erde nach oben bahnt. Es sprengt den Fels, drängt dem Leben entgegen.

Durch nackte Äste fallen Sonnenstrahlen, nicht die letzten in diesem Leben. Sie wärmen.

Früh übt sich

Jetzt ist der Nachwuchs dran

Der Rochen

Die Maus
Geht Ins Haus
Will Was Leckeres Kochen
„Heute Gibt Es Rochen"

Die Maus
Sucht Sich Eine Pfanne Aus
Will Den Rochen
Darin Kochen

Doch Der Rochen
Will Nicht Kochen
Springt Aus Der Pfanne Raus
Aus!

Annabelle B. (8)

Mag Ich Nicht

Quallen Mögen Quallen
Aber Keine Krallen

*Löwen Mögen Löwen
Aber Keine Möwen*

*Fische Mögen Fische
Aber Keine Tische*

*Elefanten Mögen Elefanten
Aber Keine Tanten*

*Spatzen Mögen Spatzen
Aber Keine Katzen*

*Beeren Mögen Beeren
Aber Keine Bären*

*Tiger Mögen Tiger
Aber Keine Flieger*

Johanna B. (5)

Vorschau

Mutter-Glück

Mütter, freut Euch. Es ist wieder einmal soweit, Muttertag steht vor der Tür. Rund um die Welt wird er gefeiert, Millionen von Blumen werden verschenkt, Herztorten gebacken, Grußkarten gebastelt, Bilder gemalt und Gedichte geschrieben, und wenn's für euch richtig gut läuft, bekommt ihr sogar ein Frühstück ans Bett. Einmal im Jahr werdet ihr offiziell geehrt, wird euch bis zur Pubertät der Schreiberlinge in Versform gesagt, das IHR die BESTE seid. Ich bin heute doch tatsächlich gefragt worden, was das Schöne am Muttersein ist. Schließlich müsste ich das ja wissen, mit meinem Vieren. Stimmt, müsste ich wissen, doch so auf Anhieb fällt mir erst einmal nichts Sinniges ein. Diese Frage habe ich mir noch nie in dieser Form gestellt, und so habe ich auch keine Antwort parat. Also nehme ich mir ein paar Minuten und denke über eine Antwort auf diese Frage nach. Der Song „The answer my friend, is blowing in the wind" schießt mir durch den Kopf.
Und Günter Jauch!

Was Günther Jauch mit der Autorin zu tun hat, verrät UKo in ihrem neuen Buch.

Nachwort

Eine frühe Liebe

Was wäre die Welt ohne schöne Geschichten? Farblos und öde! Das muss die Autorin und freie Journalistin wohl schon als Kind so gesehen haben. Zumindest lassen dies einige Erzählungen aus ihrer Kindheit vermuten. Bereits als Dreijährige versuchte sie den Gästen ihrer Eltern einen Bären aufzubinden. Der sprichwörtliche Bär war ein Rehkitz, das seine Mama verloren hatte und im großen, dunklen Wald alleine nicht zurecht kam. „Deshalb lebt es jetzt bei uns", ließ die Dreijährige vor mehr als fünf Jahrzehnten alle wissen. Dies war nur eine von vielen abenteuerlichen Geschichten in ihrem kleinen Kinderkopf.

„Meine Fantasie schien grenzenlos zu sein. Leider zu grenzenlos: Aufsätze schreiben wurde in der Schule zu einem Problem. Stets kam ich vom eigentlichen Thema ab. So gesellte sich zur schlechten Note auch noch die Bemerkung ‚Thema verfehlt'. Das habe ich wahrhaft nie verstehen können. Ich fand meine Geschichten immer toll", erzählt sie heute rückblickend und muss schmunzeln.

Sobald sie lesen konnte, hat die Autorin Bücher regelrecht verschlungen: Märchen, Heidi, Der Trotzkopf, Heldensagen und – Omas Groschenromane. „Die erzählten so schön von der Liebe, Intrigen, Irrungen und Wirrungen und hatten am Ende doch immer ein Happy End. Im Leben ist das leider nicht immer so."

Mit 14 schrieb UKo ihr erstes Gedicht. Sie wollte mit Worten spielen, Emotionen ausdrücken und sich Erlebtes von der Seele schreiben. „Schreiben ist eine Kunst wie Malen. Mit den richtigen Worten zauberst du Bilder im Kopf deines Lesers und erweckst seine Fantasie zum Leben. Das finde ich wunderbar. Ich liebe es zu schreiben." Und so kamen über die Jahre viele Gedichte und Geschichten zusammen.

Zudem fotografiert Ursula Konder seit ihrem 11. Lebensjahr, und vor einigen Jahren hielt die Malerei erneut Einzug in ihr Leben. So kamen Fotografien und Gemälde zusammen, die mit vielschichtigen Emotionen besetzt sind. Jetzt hat sie einen Teil ihrer Werke in Schrift und Bild erstmals zusammengeführt.

Weitere Bücher sind in Arbeit.

Die Werkstatt
für Design & kreatives Erleben

In der Werkstatt im Taunus finden Menschen zusammen die einen Ausgleich zu ihrem Alltag suchen. „Weg vom Berufsstress - hin zu mehr innerer Ruhe und Gelassenheit" ist die Devise.

Das Werkstatt-Team bietet Kurse für Seele, Geist und Körper an: Malen in geselliger Runde, Malen für die Seele, Loslassen- und Team-Workshops, kreatives Schreiben für Kinder und Erwachsene.

In der Werkstatt ist zudem das Glück zu Hause: Hier entwirft die Autorin und Künstlerin UKo das Design für die bunten Grußkarten und Glücks-Tassen für Lieblingsmenschen.

Wer im Taunus wohnt, kann nach telefonischer Vereinbarung im Werkstatt-

Laden in Usingen kleine und große Kunstgeschenke kaufen.

Mehr Informationen zur Werkstatt gibt es auf www.uko-art.de.